# はじめに

　2019年は国連で子どもの権利条約が採択されてから30年、日本が批准してから25年の節目の年でした。「すべての子どもにゆたかな学びを保障しよう」という日教組のスローガンは、憲法・子どもの権利条約の理念を実現するためのものです。

　教育の目標としての「人権・平和・民主主義」や「多文化共生」は、世界的に普遍的な原理です。グローバルな人・物・情報の移動は避けがたく、多様な人々と暮らしていくことは、必然になりつつあります。すべての人々の違いと尊厳を尊重する人間中心の社会を実現するため、1994年の「サラマンカ宣言」でインクルーシブ教育の考え方が国際的に提唱されました。ここでは、子どもを中心にすえた学校の原則を以下のように述べています。

　学校というところは、子どもたちの身体的・知的・社会的・情緒的・言語的もしくは他の状態と関係なく、『すべての子どもたち』を対象とすべきであるということである。これは当然ながら、障害児や英才児、ストリート・チルドレンや労働している子どもたち、人里離れた地域の子どもたちや遊牧民の子どもたち、言語的・民族的・文化的マイノリティの子どもたち、他の恵まれていないもしくは辺境で生活している子どもたちも含まれることになる。

（サラマンカ宣言より）

　2019年、文科省は外国につながる子どもの就学状況について初めての全国調査を行いました。実際に不就学だった1,000人のほか、約2万人の子どもに不就学の可能性があることが明らかとなりました。国連が2015年に採択し、2030年までの達成をめざす持続可能な開発目標（SDGs）の、とりわけ目標4は「教育」がテーマとなっています。すべての人に包摂的かつ公平で質の高い教育を提供し、生涯学習の機会を促進するために、日本でも教育や子どもをめぐる課題を解決していかなければなりません。

　例えば、日本で生きていくためには、ツールとしての日本語は大切です。一方、外国につながる子どもたちが母語・母文化を学ぶことは、アイデンティティを確立し、自信・誇りをもつことにもつながります。民族的なルーツでもある母語や母文化を学ぶことは、外国につながる子どもたちの権利です。また、保護者と子どもの関係において、母語は思いを伝え合うために重要です。外国につながる子どもたちが同じ背景・文化をもつ友だちやおとなたちと出会うことは、子どもたちの安心感を培い、気持ちの安定につながり、居場所づくりにもなります。さらに、日本の子どもたちが、外国につながる友だちの母語や母文化をともに学ぶことは、理解を深め、お互いを尊重する気持ちを育てるきっかけにもなります。

　近年、外国につながる子どもたちが増加を続け、子どもたちの母語・母文化も多様化しています。外国につながる子どもが多く在籍する学校や自治体がある一方で、散在している、または在籍していないとされている地域や学校もあり、教育現場からは、どのように対応したらいいのかわからないとの声もあがっています。

　日教組は、障害のある子どもの教育を通して、インクルーシブ教育への理解を深め、実践につなげていく一助となるべく、2017年3月に「インクルーシブのつぼみ」を発刊しました。2019年度は、外国につながる子どもの教育を通して、インクルーシブ教育を考える学習資料にと本提言を作成することとしました。この提言が、外国につながる子どもたちのゆたかな学びとインクルーシブ教育をすすめていく教育実践のヒントとなることを願っています。

日教組　インクルーシブ教育推進委員会<br>委員長　山木　正博

# 提言1 みんなですすめよう！ともに学ぶ教育を！

ともに学ぶ

　外国につながる子どもが突然転校をしてきて、本人・保護者とも日本語が話せないという事態に戸惑った経験はありませんか？

　その一方で「どうして私は日本に来たんだろう？」「なぜ一言もわからない日本語の授業を受けなければならないの？」と戸惑いながら学校生活を送っている子どももいます。

　また、日本で生まれ育つと、外国人とコミュニケーションをとる機会が必ずしも多いとは言えません。言葉によるコミュニケーションの難しさや、常識の違いに不安になることもあるでしょう。しかし、外国につながる子どもたちとの出会いは様々な言語などに触れることに加え、私たちが当然と思っている常識や習慣を問い直すチャンスでもあります。

　いろいろな国の子どもたちが同じ教室で学び合う。言葉や文化・習慣が違って当たり前。インクルーシブで、みんなが楽しめるクラスにするにはどうしたらよいのか・・・。わからなくなったら、子どもたちと一緒に考えていけば良いのです。そのようなとりくみが、学校でしかできない「ゆたかな学び」そのものであり、優先されるべきものです。

　私たちがともに生きようとすれば、ともに生きようとする子どもたちが育ち、その子どもたちはともに生きる多文化共生社会をつくっていきます。違いを認め合い、ともに学ぶ教育にチャレンジしましょう！

## とりくみのヒント●●●●

●「外国につながる子どもがいるかもしれない」という視点でクラスや学年などをみてみましょう。

- - - - - - - - - - - - - - - - - - - - - - - - - - - - - - - - - - -

●友だちや教職員と楽しそうにコミュニケーションがとれていたり生活したりしているように見えてもアイデンティティが揺れ動いている子どもがいるかもしれません。

- - - - - - - - - - - - - - - - - - - - - - - - - - - - - - - - - - -

●外国につながる子どもや保護者の思いをきき、寄り添い、ゆたかな学びの場として、ともに成長する機会と捉えましょう。

# 外国籍を持つ生徒との
# 保健室での関わりから

　日本生まれで日本育ちのペルー国籍のAさんは、保健室で他の生徒から「しつこいから嫌だ!」と言われていた。「しつこい」の意味がわからず観察していると、相手が早口や抽象的な言葉で話している時に、Aさんが何度も聞き返すことがわかった。また、習慣の違いから会話をするときの距離が日本よりも近く、それに違和感をもっている子もいた。Aさんは、日常会話は普通に話せているように思うが、実際は家では母国語を話しており、わかりにくい日本語も多いこと、また日本とペルーは生活習慣の違いがあるので、違和感があるかもしれないが悪気はないことを生徒に伝えて、お互いの事情や気持ちを思い合って接してほしいと話をした。その後、Aさんと生徒はそれは嫌だとか、それなら大丈夫だとかを言い合うことがあっても、関係は改善されていった。

　ブラジル国籍のBさんが日本人の同級生に殴りかかるということが起こった。最初に手を出したのはBさんだったが、殴り返されたので家の人も怒った。この出来事を受けて、私や管理職も入った生徒指導部会で話し合いがされた。小学校の頃から同じようなトラブルがくり返されていて、Bさんに指導してもなかなか改善されないという話だった。そこでBさんが保健室で訴えていたことを伝えた。「他の言葉は我慢できた。でも『ブラジルに帰れ!』という言葉だけは我慢できなかった」と。家の人が怒ったのもこの言葉なのではないかと付け加えた。その後の生徒指導部会では「この言葉は差別発言であり、彼らをどんなに傷つけたか。日本で生活する彼らの存在すら否定するような言葉は絶対に言ってはいけない。そのことを、教員自身がしっかり押さえて他の生徒たちに伝えなければ、また同じことがくりかえされる」という意見が出され、職員会議でもそれをふまえた指導をすることを確認した。

(2015年11月　日教組人権教育実践交流集会　報告より)

提言2

なかまづくり

# 子どもたちがつながり、支え合うなかまづくりをすすめよう！

「友だちと仲良くできるだろうか」「けんかやトラブルが起きないだろうか」「いじめられたりしないだろうか」。担任も子どもも、保護者も不安になるかも知れません。

しかし、外国につながる子どもが新しく学級の一員となったら、日本語がわからなくても友だちに教えてもらったり、一緒に遊んだりすることにより、言葉や文化・習慣の違いを楽しむことができる集団になっていく場合が多く見られます。

子どもたちがお互いに「支え合い」「助け合う」そんななかまづくりが大切です。だれかが悩んでいたり困っていたりするときは、みんなで一緒に考えていきましょう。子どもどうしがつながることで、解決できることもたくさんあるのです。

## とりくみのヒント●●●●

●お互いの違いを認め合い、楽しむことができる多文化共生の学級づくり・なかまづくりをすすめましょう。

●子どもたちが互いに教え合う「学び合い」などをすすめ、学級や学校を、安心できる、自己存在感や充足感をえられる場所にしていきましょう。

●言葉や文化・習慣を紹介するなど、外国につながる子ども・保護者の活躍の場をつくりましょう。

学び合い

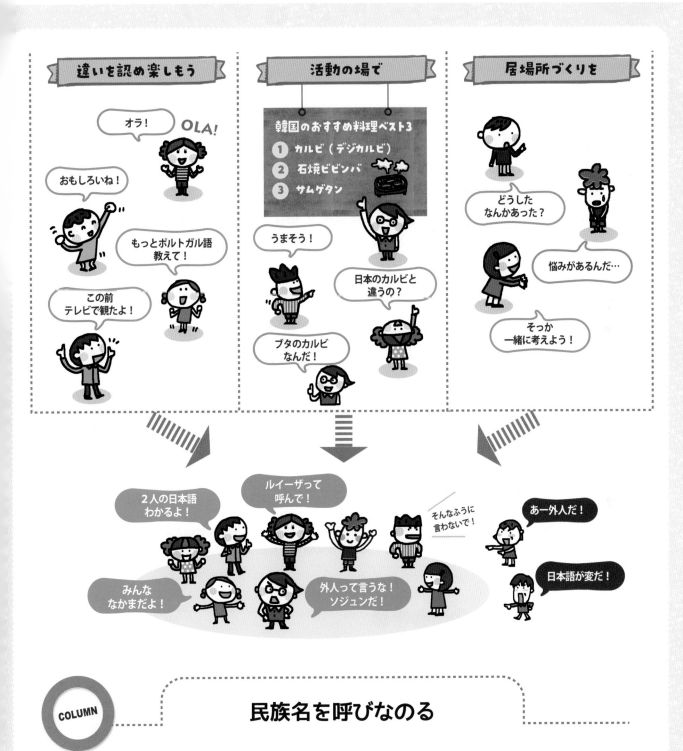

## COLUMN

# 民族名を呼びなのる

　在日コリアン教育の歴史の中で、「本名を呼びなのる運動」があります。名前は民族の象徴であり、誇りです。その子の民族性を尊重し、アイデンティティを認めるために、民族名を呼ぶことが必要です。民族差別が厳しく、日本人風の「通名」を名乗るしかなかった時代もありました。

　呼び名については率直に「なんと読みますか？」「家では何と呼ばれていますか？」と尋ねてみましょう。子どもを一人の人間として尊重することが大事です。

# 提言3 子どもに寄り添い 課題に向き合おう！

**寄り添う**

　日常会話ができるにもかかわらず、テストになると点数が思うように取れていないのはどうしてだろうと思うことはありませんか。外国につながる子どもといっても、生まれてからずっと日本で暮らしている子ども、幼い頃に外国から渡日した子ども、日本に来たばかりの子どもなど様々です。日本語で日常会話（生活言語）はできるけれど、授業で使われる言葉（学習言語）は、よく分かっていないということもあるかもしれません。※解説を参照

　また、生活の状況や家族との関係、とりまく社会状況をふまえ、その子の背景にある課題や願いに思いをはせ、将来を見通してどのような学びが必要なのかをともに考えていきましょう。

　日本語が圧倒的に優位な日本国内で、だれも排除しない場所としての学校をつくっていくことが求められています。子どもたちのアイデンティティ、母語を尊重し、「できる・できない」というまなざしで判断せず、子どもたちに寄り添い、課題に向き合っていきましょう。

---

**解説 ダブルリミテッド**

　特に小学校高学年や中学校になって転入してきた子どもは、母語・日本語の両方で日常会話ができる一方で、語彙や表現力、理解力が両言語とも不十分な状態になってしまうことがあります。この状況を「ダブルリミテッド」といいます。

　例えば、「経度」「緯度」という言葉は小学5年生で学習しますが、日常ではほとんど使用しないため、5年生での学習以降に転入してきた子どもは言葉の意味がわかりません。

---

## とりくみのヒント●●●●

●学習言語が十分に身についているかを確認することも学びを保障するうえで重要なことです。

- - - - - - - - - - - - - - - - - - - - - - - - - - - - - - - -

●課題は一人ひとり違います。「困っていません」「大丈夫です」という言葉に安心することなく、子どもの話をじっくりと聞き、抱える悩みに寄り添いましょう。

- - - - - - - - - - - - - - - - - - - - - - - - - - - - - - - -

●将来の姿をイメージし、その子が生きていくために何が必要かをともに考えていきましょう。

- - - - - - - - - - - - - - - - - - - - - - - - - - - - - - - -

# 「僕の5年間を返してください」

## ～小学校の時に中国から来日した高校生の訴え～

　僕は、中国の小学校4年の途中で日本に来て、日本語が分からないまま5年生に編入しました。小学校を卒業する前に中国に戻り、5年に編入し、また6年生の途中で日本に帰りました。今度は年齢にあわせて、中学2年生に編入しました。その時も日本語は完全にしゃべれないのに、普通の子と同じように学級に入って授業を聞いていて、全く意味が分からずつらかったです。… 中途半端な日本語で過ごしてきたこの間は、何も考えずに過ごしてきました。高校に入学して2年の間に中学校のことを考えたら、その頃は「気持ち」というものがわからなくて、今考えたら、その時は結構つらくて、一人の世界に自分を閉じ込めていたなあと思い、悔しい気持ちです。

　… 僕は小学校、中学校とも日本語指導が無くて、そのまま5年間すごしてきました。どうして僕は小学校、中学校の時に、日本語指導を受けられなかったんですか？どうして教育委員会は電話で断ったんですか？僕の友だちはみんな日本語指導を受けているのに、なぜ、僕だけ日本語指導がなかったんですか。

　僕は日本語が分からなかったので授業はほとんどわからず、勉強はできませんでした。高校に入り「日本語」の授業を受け、日本語が分かるようになったので小学校からの勉強をはじめました。数学は小学2年生からやり直して、今はずいぶんできるようになりました。しかし、高校の数学や国語や社会や理科はまだほとんどわかりません。僕の5年間の責任を誰がとってくれるんですか。僕の5年間を返してください！

　これは、外国につながる子どもが、学習会で発表した内容の一部です。

　このような事例が、全国から報告されています。私たちはこの現実に学び、外国につながる子どもの学びのあり方だけでなく、支援のあり方や相談しやすい環境の整備を、子ども・保護者の思いに寄り添いながら考えていくことが重要です。

**Q 母語と母国語って何が違うの？**

**A**　母語は幼い時から生活の中などで自然に身についた言語、母国語はその子どもが国籍をもつ国の「国語」「公用語」をさします。公用語以外の言語が国内に100以上存在する国もあり、母語＝国語（公用語）ではない場合もあるので確認が必要です。

　外国につながる子どもは、所属していた国があるとしても、日本にも地方によって多様な文化があるように、それぞれの国で文化、言語、宗教、民族などは多様です。その子は、その国の主流の文化・民族から差別を受けていた可能性もあります。「○○人」とひとまとめに見ることなく、丁寧に話をしていきましょう。

母語　　母国語

# 提言4 「社会的障壁」として とらえよう！

社会的障壁を
なくそう！

　文化による生活習慣の違いや宗教による違いなどによって起こる困難は、本人の努力では解決できないものが多くあります。それをその子の問題としてとらえるのではなく、その子をとりまく「社会的障壁」と考えましょう。

　たとえば、日本人への就学通知にあたる就学案内は、保護者にわかるように書かれているでしょうか。役所の窓口は多言語対応になっているでしょうか。こうした言葉の壁や情報の壁はありませんか。また、宗教的な理由による食事など生活上の制約について十分理解しているでしょうか。

　さらには、制度的な壁として、高校の入学試験（国によっては試験のない国もあります）や在留資格制度、18歳選挙権等もあります（P25参照）。

　インクルーシブ教育は、いろいろな子どもを一人も排除しない教育です。現在の制度や方法に子どもたちをあわせるのではなく、教育の仕組みそのものを変えていく不断の試みです。私たちの固定観念やこれまでの発想を変えることで、だれもが人権を尊重され、一緒に暮らせる社会が実現されるはずです。

## とりくみのヒント●●●●

●その子の困難さを生み出している原因は、社会の側（教職員の意識、学校文化の枠組み、法律や制度など）にあるのでは、という視点で考えましょう。

●社会の側にある多くの障壁（固定観念、ルール、言葉の違い、教育制度、在留資格など）をみんなでなくしていきましょう。

社会の壁を
みんなで
なくしちゃえ
ともだち

## フランスの「スカーフ」問題

　フランス「共和国」は、人種、民族、国籍等といった「所属」（中間集団）から人々を「解放」し、「ニュートラル」あるいは「抽象的」な存在として個人を捉えている。公的にはその人の属性（その人の民族、国籍など）が問われないからこそ、誰でも自由に社会参画し、その連帯によって国をつくっていける、という考え方（＝共和国原理）になっている。信仰等はそれぞれの人の私的な領域に属するとされるため、生徒がどの宗教に属しているかが見えているままで公的領域である学校に入ってくることは、国の存立をおびやかす脅威となる。

　そこで問題となるのが、イスラームの「スカーフ」だ。校門のところでスカーフを外させるかどうかで世論は二分され、教育大臣が通達を出し、また、裁判にもなった。布教や扇動などを伴わない限り、スカーフ着用自体は表現の自由であり、問題はないというのが司法の判断だ。しかし、学校現場の混乱は続き、結局、2004年3月15日、学校内でスカーフなどを含む宗教的標章（シンボル）の着用を禁止する法律が、ライシテ（非宗教性）の原則を確認するものとして成立した。

　「公立初等学校、コレージュ、リセにおいて、児童生徒が宗教的所属を目立つように（ostensiblement）表明する標章（signe）及び服装の着用は禁止される。学校内規は、懲戒手続きの実施に先立って児童生徒との対話を行なうことを求める。」

　かつての司法判断とは異なり、ここでは、標章そのものの是非を「目立つ」かどうかで判断しようとしている。小さな十字架は服の下に隠せるから問題はないとされる一方、そもそも「目立たないように」髪を覆う手段はないのだから、「スカーフ」はその理由を問われることなく禁止。実質上、これは「スカーフ禁止法」なのである。

　2013年には、すべての公立学校で、ライシテに関する教育を徹底させる方針が示され、宗教上の理由で学習内容に異議を唱えることなども禁じている。

　しかし、このような公私の明確な区別は、機会均等や自由の前提となりうるのか、そして、イスラーム問題は本当に「宗教の問題」なのかは、問われるところでもある。

（中央大学　池田賢市）

# 校内の見えない壁を取り除こう！

見えない壁を
なくそう！

「チャイム着席を守ります」「挨拶ではおじぎをします」「残さず食べましょう」。

学校文化や日常生活の当たり前の中にも、子どもたちにとっての困難や苦痛が潜んでいるかもしれません。外国につながる子どもたちであればなおさら戸惑うことでしょう。

例えば、「ピアス禁止」の学校に、生まれながらピアスをつける習慣がある国の子が転校してきたらどうでしょう？ また、日本語のみで表記されている掲示物や校内表示は、言葉がわからない子どもにとっては、必要な情報が得られないことなどがあります。子どもや保護者の意見も聞きながら対応を検討していく必要があります。

私たちの「当たり前」を見直すことで、外国につながる子どもたちはもちろん、すべての子どもたちにとってやさしい学校をつくりましょう。

## とりくみのヒント●●●●

●まずはお互いの違いを認め合い、校則など様々なきまりを見直してみましょう。

--------

●掲示物や校内表示を多言語表記にしてみるなど、環境を整える工夫もしてみましょう。

--------

●特に日本に来たばかりの子ども・保護者は、学校文化や日常生活の「当たり前」に不安を感じることもあります。子ども・保護者の意見をよく聞いて見直してみましょう

--------

| 世界のあいさつ | |
| --- | --- |
| 日本語 | ありがとう |
| ポルトガル語 | obrigado |
| 韓国語 | 감사 |

## 「サバイバル」的な感覚に注意

　「特別の教育課程」における日本語指導については、文科省から5段階の日本語指導プログラムが示されています。その一つに「サバイバル日本語」があります。「日本の学校生活や社会生活について必要な知識、そこで日本語を使って行動する力をつける」ことを目的とし、来日時まず初めに指導することをすすめています。例えば、給食の時の「これいらない、アレルギー」や体調が悪い時の「お腹／頭　いたいです」、休み時間の「ぼくも入れて」などが挙げられます。

　いのちや健康面を支える言葉は最低限必要かもしれませんが、「これさえ教えておけばとりあえず大丈夫」「これは必ず教えなさい」ということになってはいけません。また、子どもの話す日本語が正しい表現でなくても、教職員が思いを汲みとる姿勢が求められます。

　日本での「サバイバル（生き残る）」のためではなく、「ライフ（生活する）」のための学びを保障したいですね。

# 教職員は
# お互いの存在を認め合う
# 関係づくりを！

　学校を、すべての子どもたちがともに学ぶ場にしていくために、子どもどうしが互いを認め合い、支え合えるなかまづくりをすすめていくことが大切です。では、私たち教職員はなかまづくりができているでしょうか。子どもたちが多種多様な個性をもっているのと同じように、教職員にも、それぞれ個性があり、生きてきた環境、背景、考え方には違いがあって当然です。職種や雇用の違いによって疎外感に苦しんでいる同僚や、外国籍あるいは外国につながる教職員をはじめ、障害のある教職員や性的マイノリティの教職員など多様な同僚がいます。

　日頃から、子どもたちや自分たちのことを語り合い、感じていること、思っていることを気軽に話し合える職員室をつくっていきましょう。

　子どもたちにとって「居場所」が心の支えとなるように、教職員にとっても「居場所がある」と感じられることは働きやすさにつながります。協力協働の職場の雰囲気は、自然と子どもたちにも伝わっていくはずです。

## とりくみのヒント●●●●

● 子どもだから、おとなだから、日本国籍だから、外国籍だから、男だから、女だからなど、無意識のうちに区別していないか確認してみましょう。

---

● 教職員にとっても、互いを認め合い、支え合うインクルーシブな学校づくりが必要です。

---

無意識のうちに区別していないか確認しよう！

# 外国籍の教員がいます

### ● 現在は「期限を附さない常勤講師」として任用

公立の学校には外国籍の教員がいます。1991年以前は「教諭」として採用していた地域もあったのですが、1991年の日韓覚書、同年の文部省通知により、外国籍教員は「期限を附さない常勤講師」として任用されるようになりました。名称に違いはあるもののあくまで「講師」ですので、管理職試験を受けることはできませんし、「教諭をもって充てる」とされている学年主任や保健主事などの職務に就くこともできません。それにもかかわらず、このような状況を知らない管理職や同僚から「管理職試験を受けてはどうか」と受験を促される人がいる現状があります。

### ● 当然の法理って?

文科省は「公務員に関する当然の法理」を理由に、外国籍の教諭採用を認めていません。当然の法理とは、「公権力の行使または国家意思の形成への参画に携わる公務員となるためには日本国籍が必要」とする内閣法制局の見解によるもので、「憲法や法律などに明文化されていないけれども事実上そのように運用されるべき事柄」とされています。学校においては、校長の行う校務運営が「国家意思の形成」にあたり、それに外国籍の教員が参画することができないということですが、校務運営の何が「国家意思の形成」にあたるのかは、具体的には示していません。また、2018年には国連人種差別撤廃委員会から、在日コリアン ※解説を参照 が日本国籍を有していないという理由で公務員の地位から排除されていることに対し、「市民でない者、特に長期在留外国人およびその子孫もまた、公権力の行使または公の意思形成の参画に携わる公務員の地位にアクセスできるようにすること」が勧告されています。

---

### 解説 在日コリアン

在日朝鮮人、在日韓国・朝鮮人、在日コリアンなど、日本に住む旧植民地で朝鮮半島出身者の呼称がいくつかあります。

植民地になるまで朝鮮は一つの国で、国籍も朝鮮しかなかったのです。日本による植民地政策により朝鮮の人々は日本国籍とされましたが、サンフランシスコ平和条約発効直前の1952年4月19日、法務府民事局長通達が出され、条約発効により、在日朝鮮人は日本国籍を喪失することになりました。戦後、朝鮮は二つに分断され、日本に住む在日朝鮮人が日本国籍を失った時、韓国籍を取得した人と、朝鮮籍のままにした人がいるのです。現在でも朝鮮籍の人がいます。朝鮮とは、現在の朝鮮民主主義人民共和国を示すものではありません。

現在は当事者のアイデンティティにかかわることから、さまざまな呼称を併用することがあります。

### ある外国籍教員の体験談

2000年4月に採用されました。辞令に書かれている職名は「教諭(指導専任)」でした。本名で働くことで、「日本語は話せるのか?」「外国籍でも教員になれるのか?」といった保護者のつぶやきを、子どもから何度か聞くことがありました。また、採用者数が少ない時期だったこともあってか、研修で指導主事から「ここにいるみなさんは、いずれ管理職になります」と繰り返し言われました。また、最近では「早く管理職になって、いい職場をつくってほしい」と同僚から言われたこともあります。そんな発言を聞くたびに、何とも言えない気持ちになりますが、反対に、「私も在日3世です」という保護者や「お父さん、民族学校へ通ってて、韓国語ペラペラやで」と言う子どもに出会えるうれしい出来事もあります。

提言7

# みんなでとりくもう！

みんなで

外国につながる子どもを受け入れるとき、「自分ではどうにもならないから、担当者（支援者）に任せよう！」と思ったり、逆に「担任の私が何とかしなくては！」「頼める人はだれもいない…」と思ったりするかもしれません。

でも、学校には様々な職種のなかまがいます。担当者だけに任せきりにしたり、担任一人で抱え込んだりする必要はありません。

「だれか」が子どもの意見を受けとめたら、学校全体で共有すればいいのです。学校教職員みんなが連携し、外国につながる子どもをサポートする体制をつくっていきましょう。

## とりくみのヒント●●●●

●教職員みんなで外国につながる子どもとのかかわりを深め、みんなでとりくみましょう。

- - - - - - - - - - - - - - - - - - - - - - - - - - - - - - - - -

●情報を共有し、方向性を確認したうえで、連携しましょう。

- - - - - - - - - - - - - - - - - - - - - - - - - - - - - - - - -

●外国につながる子どもの課題を整理し、それぞれ何ができるかを考え、分担しましょう。

- - - - - - - - - - - - - - - - - - - - - - - - - - - - - - - - -

ONE TEAM!

# 学校の中に子どもをささえるネットワークをつくろう！

学校の中に外国につながる子どもを受け入れるサポート体制をつくるとともに、役割分担をしましょう。

> A市の中学校における、
> とりくみ課題とそれぞれの役割の
> 一例をあげます。

**管理職**
・校内体制の整備

**学級担任**
・受け入れ準備、学校生活支援

**養護教員**
・健康管理、生育歴

**教科担任**
・わかる授業、教材

**栄養教職員**
・対応食、食文化紹介

**学校図書館司書**
・外国語の本の紹介

**事務職員**
・在学証明、就学援助

**児童生徒指導専任**
・学校間、地域連携

**技術員**
・環境整備

**スクールカウンセラー・
スクールソーシャルワーカー**
・教育相談、外部との連携

## 学校の課題

① 受け入れ環境整備
② 支援コーディネート
③ 特別の教育課程の編成
④ 日本語指導・教科指導
⑤ 生活・安全指導
⑥ 保護者の支援
⑦ 母語・母文化保障と理解

**外国語指導員**
・学習支援、母語支援

**日本語指導者**
・教育課程、日本語指導

# 提言8 地域のみんなと つながろう！

つながろう

　不安な気持ちを抱えている子どもや保護者に寄り添い、じっくり話を聞きましょう。子どもたちや保護者が教職員を信頼し、思いや願いを伝えられるようになることで、困っていることや、どんな配慮を求めているかがわかってきます。保護者と教職員がつながり、ともに学べる環境をつくっていくことが大切です。

　学校だけでできることには限界がありますが、地域とつながることで大きな力が得られます。通訳ボランティアや学習支援ボランティア、支援センターなど、子どもたちがともに学ぶことができるようにするためのサポートをしてくれる人たちがたくさんいます。積極的に地域の人とつながっていきましょう。多くのかかわりをもつことで、協力の輪も広がっていきます。

　また、同じ言語・民族などの団体・グループや外国につながる子どもたちの集まりなどを、地域の NPO・NGO や自治体が紹介してくれることもあります。子どもたちにとって学校の外にある居場所も大切です。

　子どもたちがともに生き、ともに学ぶ学校・地域をめざして、地域や保護者と積極的につながりをもちましょう。

## とりくみのヒント●●●●

● 日ごろから保護者とつながり、支援のあり方をともに考えましょう。

------------------------------------------------------------

● 地域の人たちに「ともに生き、ともに学ぶ、ともに育つ」ためのサポーターになってもらいましょう。

------------------------------------------------------------

● 子どもが悩みや心配を語り、友だちをつくる場として学校外の居場所づくりもすすめましょう。

------------------------------------------------------------

## 地域とつながる学校のイメージ図

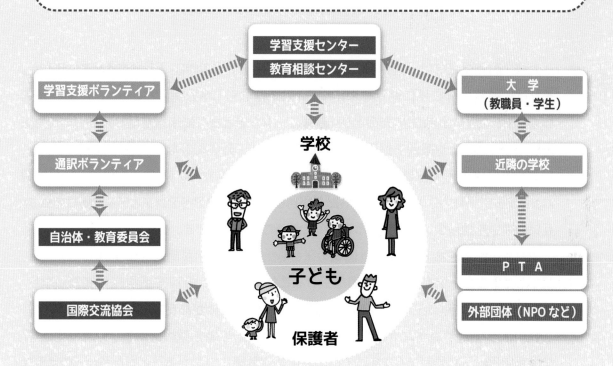

## 地域・保護者との関係づくり

### ～フィリピンから来た保護者Aさんの話～

　毎日、遅くまで仕事をし、慣れない環境に疲れます。そのため、なかなか学校のことまで対応できませんでした。子どもの学校の様子を知る方法も少なく困っていました。また、住んでいる町内のコミュニティに参加することもとてもハードルが高く、だれにも相談することができませんでした。そのような中、学校の先生や子ども会からの情報はとても貴重な情報源でした。はじめは自国の文化との違いに驚くことばかりでした。しかし、学校の先生や地域のコミュニティからの情報は私にとって学校の仕組みや日本の文化を知るたいへん貴重な機会となりました。私たちの過ごしてきた文化との違いを知ることができ、必要な配慮について考えてもらうためのいい機会となりました。市の日本語指導教室を紹介してもらったり、通訳ができる人を紹介してもらったりすることで生活が少しずつ変わっていきました。

　子どもたちのことを一番よく知り、子どもたちの幸せを一番願っているのは私たち保護者です。私たちの声を聞き、しっかりと手を取り合いながら、必要な配慮について考えてもらえたことで私の子どもは楽しく学校に通うことができるようになりました。「ともに生き、ともに学ぶ」ために学校や地域と私たち保護者とのつながりが確かなものとなれば、子どもたちへのサポート体制はきっとすばらしいものになると思います。

（愛知県　保護者からの聞き取り）

# 生き方としての進路保障を！

進路保障

　人権・同和教育では、進路保障を「人権・同和教育の総和」としてすすめてきました。それは、進路保障を単に進路を決定することではなく、学力保障とともに、就職差別をなくすことや奨学金制度拡充のとりくみなど、なかまとともに未来を切り拓いていく力を得るための道すじや機会を保障するということです。外国につながる子どもたちに対しても、進路保障の考え方は同じです。単に「学力」「日本語力」の向上を目的とした学習にとどまらず、外国につながる子どもたちが自らのルーツやアイデンティティに誇りをもち、互いの違いを認め合い尊重し合う関係をつくることが必要です。

　2019年文科省調査により、外国籍の子どもたちの不就学が問題となっています。また、就学していても十分な日本語指導を受けることができず、特別支援学級に在籍したり、夜間中学校に入学したりして日本語指導を受けている実態があります。

　高校入試制度や就労にかかわる制度などについて知識を深め、保護者や本人に必要な情報を届ける必要があります。そのためにも、外国につながる子どもたちがどのような環境で育ってきたのかを把握することや、校種間での連携が大切です。特に、いつ日本に来たのか、家庭で使用している言語は何かなど、正確に引き継ぐ必要があります。うまく連携することで、高校入試や就労時に必要なサポートにつなげることができるのです。

## とりくみのヒント●●●●

● 日本語指導のみならず、その子のルーツや母語、母文化を大切にした学力保障をしよう。

● 小・中学校の特別支援学級への在籍や定時制・通信制高校への就学など偏りがないか、中退率や進学率、就労などに格差はないか、子どもたちのおかれている状況を知ろう。

● 高校入試制度、就労などについて多言語で情報提供しよう。

# 格差を生む、高校進学の壁

　日本は、高校を卒業しなければ、自立した社会参加や自己実現が難しい国です。外国につながる子どもたちにとって、高校進学は大きな壁であり、なんとか高校進学しても中退率が高かったり、定時制への進学割合が高かったりするため、自己実現への道は非常に険しい状況にあります。

　文部科学省の発表（2019 年9月末）によれば、公立高校において、日本語指導の必要な高校生4,172 人のうち、2,341 人が定時制高校に在籍しており、割合にすると56%、中退率は9.6%で一般の高校生の約7倍となっています。また、外国につながる子どもたちの高校進学率は調査さえされていません。

　なぜ、格差や差別を生みかねない状態になっているのでしょうか。そこにあるのは、日本人と同じ日本語による高校入試制度であり、日本語ができなければ全日制の高校に入れない、という「適格者主義」※解説を参照 です。義務教育段階では外国籍でも入学できますし、また、大学は奨学金制度を設けて海外から留学生を受け入れ、日本語教育を行っています。その狭間にある高校だけが、「適格者主義」をとり、義務教育ではないからと受け入れを拒んでいるのです。

　10 数の都府県では、高校に「外国人特別枠」を設けて受け入れていますが、受け入れた後の日本語教育や支援体制はほとんどが未整備です。

　外国につながる子どもたちの多くは、将来にわたって日本社会で生きる選択をします。彼らは日本と世界をつなぐ、これからの日本社会になくてはならない貴重な存在です。こうした子どもたちが活躍できる社会をめざすのか、格差を生む社会にしていくのかが問われています。

（認定 NPO 法人多文化共生教育ネットワークかながわ　事務局長　髙橋清樹）

---

**解説　適格者主義**

　「適格者主義」とは 1963（昭和 38）年に出された文部省初等中等教育局通知「公立高等学校入学者選抜要項」において、「高等学校の教育課程を履修できる見込みのない者をも入学させることは適当ではない」とし、入学者選抜は「高等学校教育を受けるに足る資質と能力を判定して行う」とする考えのことです。

　文部省は 1984( 昭和 59) 年の初等中等教育局通知「公立高等学校の入学者選抜について」において、「高等学校の入学者選抜は、各高等学校、学科等の特色に配慮しつつ、その教育を受けるに足る能力・適正等を判定して行う」とし、一律に高等学校教育を受けるに足る能力・適正を有することを前提とする考え方を採らないとしました。現在は入学の判断は各学校にゆだねられています。

# 外国につながる高校生たちの課題はいま
# 日本語支援と進路保障を！

　中国にルーツのあるDさんは、無事高校入試に合格し、わたしのクラスの生徒になりました。ある日、面談中に突然声を震わせ、「わたしは中学でいじめにあいました」と言い、辛い経験を思い出し、泣き顔になってしまいました。どのようないじめがあったのでしょうか、彼女はそれ以上話すことはありませんでした。

　日本語ができない、外国人というだけで、いじめられた生徒たちと出会ってきました。中学のときにミャンマーからきた生徒は、最初に覚えた日本語は「気持ち悪い」でした。同級生から言われすぎて覚えてしまったのです。しかし、その意味はわかりませんでした。

　また、あるフィリピンの生徒は、同級生が話している日本語がわからず家に帰り、その意味を親から聞いたところ、自分への悪口ばかりでした。悔しい気持ちになり、一生懸命日本語を勉強して都立高校に入学できたそうです。

　こうした外国籍の高校生たちは都立高校には約 1,500 人、日本語指導の必要な高校生は約 600 人います。外国人特別入試制度のある都立高校が7校ありますが、多くは定時制高校等に通っています。日本語が難しくて授業についていけない生徒むけに「取り出し」授業がありますが、日本語支援はまだまだ不十分です。生徒だけでなく保護者も学校からのお知らせ文書が読めないため、通訳や翻訳も必要です。

　大きな課題は卒業時の進路保障です。外国籍の高校生は在留資格をもち日本で暮らしていますが、正規の就労ができません。また、日本学生支援機構の奨学金に応募資格から除外されている高校生がいます。「家族滞在」などの在留資格の場合です。理解のある弁護士や行政書士、支援者と連携することで、在留資格を変更し就労できるようになる場合もあります。卒業を迎えたクラスの中に日本の高校の卒業証書をもらいながら、就職も進学もできない生徒がいたら、どうすればよいのでしょうか。日本社会が問われています。子どもの権利条約を批准している日本は、すべての高校生に学習権と平等な進路の保障をすべきです。

（東京都高等学校教職員組合　角田　仁）

# 就職差別を許さない

採用時の面接や採用後のフォローなど、就職に関して注意しなければならないことがあります。面接では、違反質問に対しては「学校の指導により、お答えすることはできません」と毅然と答えられるよう、事前の指導が不可欠です。

## ●面接時における違反質問の例示

● 民族に関する質問

「国籍はどこですか?」といった国籍、在留資格、名前の強要など

● 本籍に関する質問

「生まれてから、ずっと現住所に住んでいるのですか」など

● 家族の構成・職業・地位・収入に関する質問

「ご両親の職業は?」「家業は何ですか」など

● 資産に関する質問

「住んでいる家は一戸建てですか」など

● 思想・信条、宗教、尊敬する人物、支持政党に関する質問

「どんな本を愛読していますか」「今の社会をどう思いますか」など

● 男女雇用機会均等法に抵触する質問

「結婚する予定はありますか」など

<厚生労働省ウェブサイト参照>

https://www.mhlw.go.jp/www2/topics/topics/saiyo/saiyo1.htm

違反質問には答えないという事前指導と、仕事に必要な適性・能力を基準とする選考であったかどうかを面接後に確かめる必要があります。事前指導はもちろんのこと、面接後にこういった違反質問があった場合は、学校として毅然とした態度で対応しましょう。

# 実践例 「外国につながる子ども」の 担当者の役割と連携 ～B市のとりくみ事例から～

　自治体によって、学校における外国につながる子どもの担当者の名称は様々だと思います。ここでは B市のとりくみを例にお話しします。B市では、日本語指導が必要な子ども（国籍問わず）が学校に 5人在籍すると「国際教室担当」が1人配置（20人在籍で2人配置）され、「国際教室」を設置する ことができます。国際教室の目的は「学校生活への早期適応や日本語能力の向上を促進するとともに、 一人ひとりの個性の維持伸長を図る」とされています。

　では、具体的に B市の「国際教室担当者」の役割はどのようなものでしょうか。また、どのような 人たちや機関と連携してとりくんだら良いのでしょうか。様々な場面で考えてみましょう。

※〈 〉の人たちと連携してとりくみます。

## ① 受け入れについて〈母語支援員・通訳者・全教職員など〉

・通訳者に同席してもらい、登録名・民族名（母国名）・宗教・生育歴・学習歴・渡日歴・来日の理由・ 家庭状況・本人の来日への思い・保護者の願い・将来の展望などをしっかり聞き取り、情報を全職員で 共有する。
・日本の学校制度、具体的な学校生活、支援制度、支援内容などを伝え、必要な物品を準備する。

## ② 日本の学校生活のスタートについて〈母語支援員・担任など〉

・行事予定や時間割など学校制度を説明し、学校施設の案内を行い、利用の方法を教える。
・食事や生活習慣・マナーの説明。荷物の整理、持ち物の記名などの生活上の注意。

## ③ 健康や安全について〈養護教員・栄養教職員・安全指導員・交通指導員・スクールサポーターなど〉

・生育状況、病歴、予防接種、アレルギーなどの基礎データの収集と記録を行う。
・結核高蔓延国から渡日した子どもへのレントゲン撮影を実施する（自治体により無料）。
・登下校路と登下校方法の確認と交通ルールを確認する。
・地域に発信し見守りをお願いする。

## ④ 学習支援について〈母語支援員・日本語指導者・学習支援員・担任・教科担当者など〉

・校内指針の作成、支援計画の作成、教材の準備、校内支援体制づくりを行い、支援を実施する。
・支援者の要請。来校日の連絡調整を行う。
・支援記録の作成と評価方法及び評価内容の検討を行う。

## ⑤ プレ教室・日本語教室・放課後支援などについて 〈日本語指導通級施設、地域国際ラウンジ、支援NPO、支援ボランティアなど〉

・日本語指導通級施設の通級申請や面接手続き、同行を行う。
・地域補習機関や支援NPO補習教室などを紹介して、つなぐ。
・放課後ボランティアによる放課後学習を実施する。

## ❻ 進路など支援の継続について〈小中高連携・担任・進路指導担当・担当者間連携・卒業生・保護者・地域の人たちなど〉

・小➡中➡高と子どもの情報を引継ぎ、支援・指導を継続する。
・夢をもち、実現にむけての意欲を育むためロールモデルとの出会いをつくる。
・外国につながる子どもの受験制度や進路情報を収集し、情報を学校・本人・保護者と共有する（進路ガイダンスや国際教室担当者連絡会等が開かれている地域もある）。
・受検資格確認、教育委員会や受検校への事前相談、説明会への参加を行う。

## ❼ 保護者への支援について〈母語支援者・通訳者・学校事務職員など〉

・家庭訪問、面談、説明会などの母語支援者・通訳者の協力を要請し、担当も同席する。
・学校発行文書のルビふり、重要文書の翻訳を実施する。
・保護者どうしが知り合い、交流する場を設定する。
・就学援助、就学支援金、各種減免措置、奨学金制度などの紹介と手続きの支援を行う。

## ❽ 母語・母文化の保障について〈母語支援者、地域ＮＰＯ、保護者、卒業生〉

・子どもが母語を継続または学ぶために母語教室や母語での学習を行う。
・ＮＰＯや保護者に協力してもらい、母文化を体験したり、母文化を楽しんだりする場をつくる。
・ロールモデルとなる卒業生や、地域で活躍する同じルーツをもつおとなに出会う機会をつくる。

## ❾ 多文化共生教育の発信について〈担任・教科担任・学年・行事担当・人権担当・保護者・関係機関〉

・子ども、保護者のもっている経験や文化を学校教育にいかすよう工夫する。
・全校で、多文化を学ぶ「多文化共生学習プログラム」、「国際交流集会」を行う。
・各国の代表的な料理を紹介する国際給食を実施する。
・校外の国際交流行事、外国人交流会などを紹介し、参加を勧める。

\*他にも、まだまだしなくてはならないこと、できることがたくさんあるはずです。まずは、担当者がキーパーソンになって、子どもの思いと保護者の願いを聞いてみることから始めてみましょう。

\*「外国につながる子ども」の担当者が制度的に整備されていない地域や、制度はあっても配置されていない学校は少なくありません。できることから始めてみましょう。担任が抱え込まず校内の諸係や地域の支援者などに協力を求めるとともに、制度整備にむけて行政にも働きかけましょう。

# 外国人の教育に関する基礎的な理解

　戦前、朝鮮半島や台湾など日本の植民地とされた国・地域では、日本文化や日本語使用を人々に強制するなど、日本の戦時国家体制に組み込んでいく政策が次々と実施されました。

　植民地政策により戦前から日本に移住した朝鮮半島、中国・台湾出身の人たちは、戦後には米軍の対日占領政策の影響もあり、日本国籍を喪失し「外国人」とされました。このような人たちを＜オールドカマー＞と呼びます。一時期、朝鮮半島出身者は公立学校での民族教育（朝鮮民族の歴史と言語を教える教育）が認められていましたが、こうした教育もやがて、困難となりました。現在も、外国籍の子どもたちの就学は就学義務が課されるわけではなく、「恩恵的」に行われているに過ぎません。

　日本経済が復活を遂げた高度経済成長は、対米従属と東・東南アジアを日本の経済圏に組み込む形で成し遂げられました。その過程で、インドシナ難民、中国残留孤児（帰国児童生徒）等次々と諸外国とつながる問題を生み出していきました。そして労働力不足解消のための日系南米人の労働者の受け入れ等の「移民」が開始されました。このように 1980 年代以降に定着、長期滞在する外国人を＜ニューカマー＞とよびます。

　日本は多国籍的な状況がすすみ、多民族多文化共生へと舵を取るべき時期を迎えています。こうした実態を認めようとしない人たちの中で、「ヘイトスピーチ」やインターネット上での「外国人が優遇されている」などのデマが氾濫しています。

　この間、日本政府は十分な施策を実施することはなく、実態的には外国にルーツを持つ人々の定住がすすみ、それに付随して起こる教育の問題は現在まで現場任せ・自治体任せとなっています。

# 外国籍の子どもたちを
# とりまく諸制度

　制度について知らなければ、子どもたちに不利益が生じる恐れがあります。教職員は、在留資格や出入国管理制度などについて学ぶ必要があります。

## ●「特別枠」入試

　高校入試においていわゆる「特別枠」入試が設けられている自治体があります。
文科省「平成 30 年度公立高等学校入学者選抜の改善等に関する状況調査」によれば、以下の制度が設けられています。

①公立高等学校の入学者選抜における、外国人生徒の特別定員枠の設定
　　⇒14 都道府県（北海道、福島、茨城、埼玉、千葉、東京、神奈川、山梨、岐阜、愛知、三重、大阪、兵庫、奈良）

②公立高等学校の入学者選抜における、外国人生徒に対する試験教科の軽減
　　⇒11 府県（茨城、栃木、群馬、埼玉、神奈川、山梨、岐阜、愛知、大阪、鳥取、熊本）、

③公立高等学校の入学者選抜における、外国人生徒に対する学科試験をすべて免除
　　⇒3 道県（北海道、千葉、長崎）

　例えば、ある自治体では中国帰国生徒及び外国人生徒を対象とした特別枠の入試が実施されているほか、最近では、日本語指導が必要な帰国生徒・外国人生徒を対象とした入試が実施されています。また、一般の入試制度において、辞書持込み、時間延長など個別配慮が行われている自治体もあります。

　また、高校入試制度自体が、本人・保護者に周知されていない場合があります。「併願」などの制度を知らず、進路に迷うケースもあるため、「多言語進路ガイダンス」などのとりくみを行っている自治体などもあります。自分の自治体の制度について調べてみましょう。

## ● 在留資格

　2009 年の入管法改正により、2012 年 7 月に外国人登録制度が廃止され、「在留カード」が交付されています。また、朝鮮や台湾など旧植民地出身者の特別永住者には特別永住者証明書が交付されています。

　入国管理局（当時）は 2015 年 1 月、在留資格が「家族滞在」の子どもが、高等学校を卒業し就職すれば「定住者」に変更することを認めています。子どもや保護者から相談を受けた時、「家族滞在」だから「日本で就職することはできない」と答えてしまうと、誤った情報を伝えてしまうことになります。法務局ウェブサイト（P30 参照）を参照するなど、確実な情報を提供しましょう。

　また、2018 年の入管法改正により、2019 年 4 月に、労働力不足を補う目的として、「特定技能」の在留資格が設けられました。

## ● 18 歳選挙権

　2016 年 6 月、公職選挙法が改正され、選挙権年齢が 18 歳以上に引き下げられました。しかし、外国籍の生徒には選挙権が認められていません。授業等で選挙権に触れるときは、外国籍の生徒が疎外感をもたないよう適切な配慮が求められます。

## 転換期の今

　日本国内の人手不足を補うために、2019年から、これまでの技能実習生に加え、特定技能I号・II号が新たに創設され、移民労働者の受け入れが本格化しています。

　一方で、これまでの経験も市民や地方自治体に蓄積されています。国際交流協会、外国人当事者団体、日本側支援者団体、日本語教室など、外国人と社会を繋ぐ窓口が各地で次々と設置されています。これらはゼロからの積み上げではなく、1995年の阪神・淡路大震災を契機としたNPO・ボランティア活動の活発化が素地となったと言えるでしょう。更に、既対応県の知見を未対応県が学ぶといった動きも見られます。

　これまで自治体や学校現場に対応が任されていましたが、政府により新しい法令・制度が策定されている今、私たちには学校現場で積み上げられたことを各地で共有し、どのように運動を構築していくのかが問われています。

　それは、例えば日本語指導だけに特化した教育ではありません。わたしたちがめざすのは、外国につながる子どもたちを含めたすべての子どもたちが、誰一人として排除されない一人ひとりの子どもの権利が守られるインクルーシブな学校づくりです。外国につながる子どもたちが増加し続ける転換期の今だからこそ、私たちはそれぞれの職場でインクルーシブな学校づくりをめざした教育実践を積み上げていく必要があるのです。

## 活用しようよ
## 通訳制度・外国人相談窓口

　三者面談などの場面で子どもが通訳役を担うことがあります。しかし、教職員、保護者といったおとなどうしのやりとりの通訳は、想像以上に子どもに重い負担がかかります。また心配をかけまいと、わざと重要な部分をぼかしたり、省略したりしてしまい正確な情報が保護者に伝わらない可能性もあります。保護者が友だちに通訳を頼むこともありますが、どの程度的確に通訳されているのか不安もあります。

　子どもの学校生活や学習、進路など重要な情報がやりとりされる場面では、通訳技術をもち、守秘義務を守り、中立的な立場に立つ通訳が必要です。教育委員会や自治体に通訳派遣制度がある場合は、積極的に活用すると安心です。「多言語支援センターかながわ」では、複数の言語で相談対応を行い、教職員と保護者の間の電話通訳なども行っています。このような多言語相談窓口は全国的にも増えているので、ぜひ活用してみてください。

（かながわ国際交流財団）

## 大阪のとりくみ

　大阪府では、戦前より多くの在日韓国・朝鮮人が暮らしてきました。現在約10万人の韓国・朝鮮籍の人々が住んでいますが、国籍変更や日本籍を有している人との婚姻により、その数は年々減少しています（2006年から比べると約3万人減）。現在では、韓国・朝鮮ルーツの子どもだけでなく、新たに帰国・渡日する子どもたちも増え、日本語指導の必要な子どもたちが、3,000人ほど在籍します（2017年・政府統計）。

　大阪の教育実践で大切にしてきたことは、①自らのルーツやアイデンティティを育むとりくみ、②ルーツや文化など互いの違いを認め合い尊重し合う関係性づくり、③すべての子どもたちがより豊かな価値観をもてる多文化共生の教育です。これらは、外国につながる子どもだけでなく、すべての子どもたちにとっても大きな意味があります。

## 多文化共生への道・母語と日本語

### 急増する外国につながる子どもの未来

#### 「日本語がうまく話せない母親」

「日本語しか話せなくなってしまった子ども」
やがて子どもは親をバカにするようになる。
「お母さん、これ読めないじゃない！」
学校行事やPTAへの協力依頼の文章が読めず、日本人の親から「外国から来た人はPTA活動に協力しない！」と言われていた。ほぼ毎年この繰り返しだった。

#### 同化の道を歩む子ども

ある子どもがこんな作文を書いてきた。
　「韓国だいすき。ぼくは韓国がだいすき。一番すきなのは国民だ。国民はやさしいから好き。ぼくは日本にきて一年たった。でもぼくは韓国語をわすれちゃった。ぼくはかなしい。ぼくはこのままで日本人になるのかな」
子どもは母語を消失していた。そこで教員は子どもと向き合った。子どもは自分の生まれた故郷の文化、さらには言葉さえ無意味と考え、「同化」の道を歩んでいたのだ。

#### 母語維持教室・日本の子どもたちのために外国語クラブ・PTA新聞

2007年から2年間で私の学校は大きく変わった。韓国語、タイ語、中国語圏の子どもに、「母語維持教育」を開始。外国につながる子どもが自国の母語、母語文化に自信と誇りをもつためだ。さらに日本の子どもにむけて外国語クラブを作り、8か国語を学べるようになった。仕上げは4か国語のPTA新聞の発行。これらの出来事は子どもを勇気づけ、そして親は学校を身近に感じるようになった。

（東京学芸大学非常勤講師　善元幸夫）

**Q**

子どもや保護者から、
外国につながる子どもが近所に住んでいて、
学校に通っていないのではないかと
いう話を聞きました。
どうやら市町村も把握していないようです。
学校として何かできることは
ないでしょうか。

**A**

その子や保護者には在留資格がない（オーバーステイなど）可能性もあります。しかし、政府は「我が国の公立の義務教育諸学校においては、在留資格の有無を問わず、就学を希望する外国人児童生徒を日本人児童生徒と同様に無償で受け入れることとしている」※と在留資格がない子どもにも学習権を認めています。

その子の学習権を保障するため、スクールソーシャルワーカー、教育委員会、自治体等と連携し、保護者と話をしてみることからはじめてみましょう。

※「国際的な人権諸条約の締結及び実施、ならびに外国人の年金
や教育等に関する質問主意書」に対する内閣総理大臣答弁書
（2011年12月16日）より抜粋。

**Q**

外国につながる子どもたちが
集まる機会があるのですが、
子どもたちを誘ってみた方が
いいのでしょうか。

**A**

多住地域では以前より「サマースクール」「ハギハッキョ（韓国語で夏期学校）」や、全国在日外国人教育研究協議会では夏休みの時期に「全国外国人生徒交流会」を開催しています。「よかったら行っておいで」ではなく「連れていく」という気持ちで誘ってほしいものです。

「わたしはあなたのルーツを大事にしている」というメッセージを常に発信することで、子どもにも保護者にも、「理解者がいる」ということが伝わります。

# 外国につながる子どもたち

日本語指導が必要な児童・生徒は10年間で1.7倍になっています。

## 公立学校における日本語指導が必要な児童生徒数の推移
(小学校、中学校、高等学校、中等教育学校、義務教育学校、特別支援学校)

(人)

| | 2006 | 2010 | 2016 |
|---|---|---|---|
| 合計 | 26,281 | 34,007 | 43,947 |
| 日本国籍 | 3,868 | 5,496 | 9,612 |
| 外国人 | 22,413 | 28,511 | 34,335 |

日本語指導が必要な日本国籍児童生徒は10年間で2.5倍増

日本語指導が必要な児童生徒は10年間で1.7倍増

日本語指導が必要な外国人児童生徒は10年間で1.5倍増

外国人児童生徒等教育の充実のため1対18(対象児童生徒)の割合での基礎定数化や、散在地域への加配措置はされていますが、子どもの学びが充分に保障されているとは言えません。

文部科学省「日本語指導が必要な児童生徒の受入状況等に関する調査」(2016年度)

## 日本語教育が必要な高校生と公立高校生の中退率と進路状況

| | 日本語教育が必要な公立高校生 | 公立高校生 |
|---|---|---|
| 中退率 | 9.6% | 1.3% |
| 進学率 | 28.8% | 57.8% |
| 進学も就職もしていない生徒の率 | 18.2% | 6.5% |
| 非正規就職率 | 40.0% | 4.6% |

7倍

日本語教育が必要な生徒は、公立高校生の7倍以上の割合で中退しています。

文部科学省まとめ「日本語教育が必要な公立高校生」は2017年度、「公立高校生」は2016年度の数字より作成

## 外国につながる子どもの教育に関しての希望・心配事

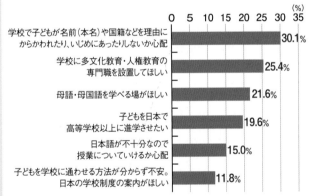

(%)

| | |
|---|---|
| 学校で子どもが名前(本名)や国籍などを理由にからかわれたり、いじめにあったりしないか心配 | 30.1% |
| 学校に多文化教育・人権教育の専門職を設置してほしい | 25.4% |
| 母語・母国語を学べる場がほしい | 21.6% |
| 子どもを日本で高等学校以上に進学させたい | 19.6% |
| 日本語が不十分なので授業についていけるか心配 | 15.0% |
| 子どもを学校に通わせる方法が分からず不安。日本の学校制度の案内がほしい | 11.8% |

## 差別や偏見をなくすために必要な施策

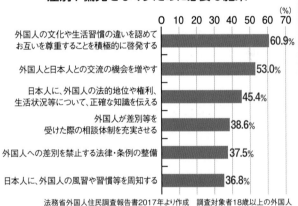

(%)

| | |
|---|---|
| 外国人の文化や生活習慣の違いを認めてお互いを尊重することを積極的に啓発する | 60.9% |
| 外国人と日本人との交流の機会を増やす | 53.0% |
| 日本人に、外国人の法的地位や権利、生活状況等について、正確な知識を伝える | 45.4% |
| 外国人が差別等を受けた際の相談体制を充実させる | 38.6% |
| 外国人への差別を禁止する法律・条例の整備 | 37.5% |
| 日本人に、外国人の風習や習慣等を周知する | 36.8% |

法務省外国人住民調査報告書2017年より作成 調査対象者18歳以上の外国人

## 外国につながる子どもたちの教育の保障には、日本語指導のみならず母語・母文化の保障や、通訳の保障、教職員のさらなる配置が必要です!!

日教組政策制度 要求と提言 2019年～2020年度版より

## 高等学校卒業後に日本での就労を考えている外国籍を有する高校生の方へ

　入国管理局においては，以下の①～④の全てに該当する方が，高等学校卒業後に日本で就労する場合，「定住者」への在留資格の変更を認めています。

① 現在，在留資格「家族滞在」で日本に滞在していること
② 日本において義務教育の大半を修了していること（※1）
③ 就労先が決定又は内定していること（※2）
④ 住居地の届出等，公的義務を履行していること

（※1） 小学校中学年までに来日し，小学校，中学校及び高等学校を卒業する方が対象となります（少なくとも小学校4年生のおおむね1年間を在学し，その後引き続き在学していることが必要です。）。

（※2） 資格外活動許可の範囲（1週につき28時間）を超えて就労する場合に対象となります。

　また，②に該当しない方であっても，一定の要件を満たす方には就労可能な「特定活動」への在留資格の変更を認めています（※3）。

（※3） 少なくとも中学校3年生のおおむね1年間を在学し，中学校及び高等学校を卒業する方については，扶養者である父又は母との同居を条件に，「特定活動」の在留資格への変更が認められる場合がありますので，最寄りの地方入国管理局へお問い合わせください。

### 在留資格変更申請の際の提出資料

　申請の際には，日本での活動内容に応じた資料として，以下を御提出ください。また，申請いただいた後に，入国管理局における審査の過程において，この他に資料を求める場合もあります。

① 申請書（縦4cm×横3cmの写真を貼付）
② 履歴書（日本において義務教育を修了した経歴について記載のあるもの）
③ 日本の小学校及び中学校を卒業していることを証明する書類（卒業証書の写し又は卒業証明書）
④ 日本の高等学校を卒業していること又は卒業が見込まれることを証明する書類
⑤ 日本の企業等に雇用されること（内定を含む）を証明する書類（雇用契約書，労働条件通知書，内定通知書等。内定通知書に雇用期間，雇用形態及び給与の記載がない場合は，これらが分かる求人票等の資料を併せて提出。）
⑥ 扶養者による身元保証書
⑦ 住民票（世帯全員の記載があるもの。マイナンバーは記載しないでください。）

### ＜問い合わせ先＞

| | | | |
|---|---|---|---|
| 札幌入国管理局 | TEL 011-261-7502 | 大阪入国管理局 | TEL 06-4703-2100 |
| 仙台入国管理局 | TEL 022-256-6076 | 神戸支局 | TEL 078-391-6377 |
| 東京入国管理局 | TEL 03-5796-7111 | 広島入国管理局 | TEL 082-221-4411 |
| 横浜支局 | TEL 045-769-1720 | 高松入国管理局 | TEL 087-822-5852 |
| 名古屋入国管理局 | TEL 052-559-2150 | 福岡入国管理局 | TEL 092-717-5420 |
| | | 那覇支局 | TEL 098-832-4185 |

出典：法務省ウェブサイト（http://www.moj.go.jp/content/001252142.pdf）